AF330399

L'EMPEREUR

DU MEXIQUE

PARIS

E. DENTU, LIBRAIRE-ÉDITEUR

PALAIS-ROYAL, 17 ET 19, GALERIE D'ORLÉANS

—

1864

On assure que l'Empereur se serait écrié un jour, devant quelques-unes des personnes de son entourage qui ne comprenaient pas la cause de sa prédilection pour tout ce qui se rattache de près ou de loin à notre intervention au Mexique :

« Cette expédition sera la plus belle page de mon rè-
» gne ! »

Que ces paroles aient été ou non prononcées, il est constant pour nous qu'elles doivent traduire la pensée intime du Souverain, car elles sont l'expression de la vérité ; et Napoléon III n'a jamais rien fait sans embrasser d'un coup d'œil la portée la plus lointaine comme la plus immédiate de ses résolutions.

Comment se peut-il, nous dira-t-on, qu'un règne, dont chacune des pages indique la solution d'un problème politique ou social dans le sens du progrès européen, offre, avant toutes, à l'admiration de la postérité, celle de ces pages qui, en apparence, se rattache le moins à la solution des problèmes posés par les circonstances dont la proximité s'impose essentiellement à notre attention ?

C'est à ce propos qu'il est nécessaire de confesser de nouveau l'immense supériorité de Napoléon III sur ses contemporains. La plupart d'entre eux agissent au jour le jour sans se préoccuper des rapports qui doivent exister entre les faits et les résultats synthétiques que ces faits doivent produire, au delà du présent, en faveur de l'humanité.

Dominant les événements de toute la hauteur de son génie, l'Empereur se préoccupe d'autre chose que de l'actuel. Voilà pourquoi, à mesure que se déroulent les événements qu'il a préparés dans sa sagesse, la grandeur et l'élévation de sa pensée deviennent plus frappantes pour ses adversaires eux-mêmes.

Certes, à ceux qui n'ont vu dans l'expédition du Mexique que l'envoi d'une armée française au delà des mers pour venger les injures faites au drapeau de la France, il doit paraître étrange que la vengeance de ces injures pèse davantage dans la balance de notre gloire, et surtout dans celle de nos intérêts, que les lauriers conquis en Crimée ou dans les plaines de la Lombardie.

Mais, pour ceux qui ont vu autre chose dans cette expédition qu'une satisfaction pure et simple offerte à l'amour-propre et aux intérêts du pays, elle acquiert ses véritables proportions, et il devient naturel à leurs yeux que Napoléon III se soit écrié :

« L'expédition du Mexique sera la plus belle page de
» mon règne ! »

Si, depuis un demi-siècle, il était une chose à déplorer, ce serait le divorce de l'ancien monde avec le nouveau au profit d'une idée funeste à tous deux. L'unité humaine, et par conséquent le progrès réel, se trouverait paralysée dans sa constitution; l'antagonisme qui résulterait de ce malheur retarderait indéfiniment le triomphe des intérêts de tous sur les passions de quelques-uns.

A mesure que le calme s'est fait dans les esprits et que le cataclysme moral dont l'humanité a été passagèrement la proie a cessé de les condamner au chaos, la solidarité, dont le catholicisme est le symbole, a repris son influence sur le développement des choses humaines, et on a compris que si le progrès consistait dans l'affranchissement de l'individu, il consistait aussi dans la communion collective des peuples au banquet de la civilisation.

Les races ont senti le besoin de se classer pour se fondre ensuite dans un magnifique ensemble, but suprême des efforts humains; il est alors devenu clair pour tous que cette classification était l'œuvre naturelle des aspirations libres de chaque peuple, dégagée des passions de parti, auxquelles on n'a jamais dû que l'infécondité.

Eh bien! cette classification, instinctivement souhaitée par tous, l'empereur Napoléon en a compris non-seulement l'urgence, mais les moyens de réalisation, surtout en ce qui a trait aux nations d'origine latine. Dans sa préoccupation jalouse de tout ce qui peut conserver à l'Occident européen sa place à la tête des nations, il a voulu qu'il dût la conservation de ce rang à l'accomplissement de ses devoirs de tuteur envers le nouveau monde, dont il s'était brusquement séparé.

Jusqu'à un certain point, l'Occident européen était responsable de la série de maux endurés par l'Amérique latine. S'il n'avait autant qu'elle souffert de leur divorce, il ne saurait se les faire pardonner. Mais, le premier, il en a supporté les conséquences ; c'est grâce au divorce de l'ancien et du nouveau monde que l'Occident européen a vu l'Angleterre s'emparer, sous ses yeux, du sceptre des mers, et s'approprier, en divisant les peuples, les richesses immenses dont, sans les désunir, elle aurait pu jouir avec eux.

L'Amérique appartient aux Américains. Loin de démentir cettte vérité, notre opinion la confirme. C'est justement parce que l'Amérique est aux Américains que nous voulons la soustraire à l'influence des passions égoïstes qui, non-seulement la rendaient hostile à ses aînées, mais l'empêchaient d'être elle-même.

Du reste, il est inutile d'énumérer les causes et les conséquences du mal. Il existait ; il était patent. Napoléon III l'a constaté ; il a voulu y mettre un terme ; et, dans les plis du drapeau impérial, il a envoyé se répandre sur le nouveau monde la grande idée de réconciliation qui doit décupler la fortune des races latines et, en leur rendant l'indépendance, assurer le bonheur aux nations dont le sein a été trop longtemps déchiré par la guerre civile.

III

Les adversaires de cette grande idée trahissent leur infériorité politique du moment même où ils en combattent la vulgarisation.

Ils laissent voir que le progrès tel qu'ils le comprennent n'est point la marche incessante de l'humanité vers la fusion des intérêts, mais uniquement la réaction des passions contre les droits. La persistance des chefs de l'opposition dans leur hostilité contre l'expédition du Mexique les classe de suite bien au-dessous de la hauteur à laquelle ils se prétendent appelés ; et, en inaugurant leur rentrée dans la vie politique par une charge à fond de train contre cette expédition, ils ont fourni une preuve éloquente de la supériorité de la politique impériale sur celle de la politique des parlementaires.

Comment, ils osent se dire les artisans de l'avenir, les hommes qui s'opposent à ce que les nations s'épandent les unes dans les autres au profit de la généralité de leurs fils ; et, sous le vain prétexte d'alléger le poids des charges publiques, ils veulent, d'un trait de plume, dépouiller l'humanité des richesses que lui assurent les sacrifices momentanés de la France ?

Nous aurions beau jeu contre eux à réveiller uniquement chez nos compatriotes la fibre de l'honneur national. On se souvient de l'indignation que nos travailleurs laissèrent éclater contre certain orateur lorsqu'il osa se faire, au Corps législatif, l'avocat des hordes de Juarès. Mais nous ne voulons pas recourir à ce moyen; et, puisque les adversaires de l'expédition du Mexique mettent des chiffres en avant, nous nous contenterons de répondre à des calculs par des calculs, à la routine politique par l'expansion du progrès.

La France aura avancé quelques centaines de millions pour mettre un terme au divorce qui séparait l'ancien monde du nouveau. Elle en serait largement payée moralement par la légitime satisfaction qu'elle doit éprouver d'avoir vu l'Angleterre hésiter à lui disputer le droit d'agir ainsi, et d'avoir pu, aux regards de tous, promener son drapeau dans l'Amérique centrale uniquement pour rendre à la civilisation les immensités qui lui étaient ravies. Elle en sera largement payée, en fait, par l'indemnité qu'en tout état de cause le Mexique sera toujours à même de verser dans nos coffres. Mais cette double certitude n'est rien auprès de ce qui, dans un avenir prochain, doit nous revenir des bénéfices qu'assure à l'Occident européen le rétablissement d'un gouvernement stable, là où l'idée de division semblait avoir éternisé le chaos.

Que sont les marchés de l'Inde et des États-Unis comparés à ceux qu'ouvrira à l'Occident européen la stabilité hispano-américaine? Nos manufactures seront impuissantes à combler les besoins de nos frères d'Amérique, car, en échange des richesses de toutes sortes qu'ils auront désormais le temps de ravir à leur sol, les Hispano-Américains nous demanderont, pendant une période qui doit se calculer sur leur dénûment actuel, tout ce qui sera nécessaire à la mise au niveau de leur existence avec celle des habitants de l'Europe. Un manufacturier calculait dernièrement, devant nous, que le gouvernement français prélèverait en dix années, rien que sur les transactions prévues, quatre ou cinq fois l'importance des sacrifices qu'il a faits. Ajoutons à cela l'augmentation ou l'enfantement des fortunes privées, et les adversaires de l'expédition du Mexique ne mériteront plus que le sourire des hommes sérieux, quand ils viendront opposer à l'action impériale leur soi-disant pensée d'économie, qui est tout bonnement un élément de ruine.

Quant à la question de gloire et d'honneur; quant à la question d'influence morale et de suprématie intellectuelle, elles sont tranchées depuis longtemps dans le sens impérial.

IV

Obligés d'admettre avec nous que l'Occident européen gagnera tout à ce que notre expédition du Mexique aboutisse au triomphe des idées de l'Empereur, les adversaires de cette expédition, saisis d'un beau zèle pour d'autres intérêts que les nôtres, se demanderont publiquement, nous l'avons déjà laissé entrevoir, si la France est bien en droit de rendre, malgré eux, les éléments de la fortune et du bonheur aux populations hispano-américaines; si, du reste, les idées que nos armes sont chargées de faire prévaloir chez elles sont bien réellement pour ces populations des éléments de bonheur et de fortune.

Sur ce terrain, la discussion devient puérile.

A qui persuader que les idées d'ordre et de stabilité qui s'échappent des plis de nos drapeaux ne sont point des éléments de fortune et de bonheur? Leur application à la France n'a-t elle pas décuplé notre richesse et notre bien-être? Une expérience de douze années n'est-elle point une garantie sans réplique?

Comment, voilà de malheureuses populations livrées depuis cinquante ans à toutes les horreurs de la guerre civile; ignorant la veille à quelle volonté il leur faudra obéir le lendemain; décimées, ruinées, abruties par les luttes intestines; torturées dans leurs croyances et dans leurs aspirations; brisées dans leurs familles et dans leurs amitiés; se réveillant aux lueurs de l'incendie après s'être

endormies au bruit de la révolte; sans industrie, sans commerce, sans routes, sans administration, sans sécurité
publique; ne produisant rien, ne pouvant jouir de rien ;
paralysées dans leur intelligence, si originale et si vive;
condamnées, sous le plus poétique des ciels, à voir leur
sang s'échapper par mille plaies, sans même qu'il ferti-
lise leur sol; et on ose se demander si l'implantation des
idées d'ordre sera pour elles un bienfait ? Il faut avoir
perdu la raison, le sens moral, ou la pudeur, pour poser
une pareille question, car c'est accepter devant l'avenir
la plus terrible des responsabilités, au cas impossible où
cette opinion prévaudrait.

Les idées françaises assurent à ces populations tous les
biens qu'elles n'ont pas; elles les délivrent de tous les
maux sous lesquels elles sont courbées; et ces idées, du
reste, ne sont plus exclusivement celles de notre patrie,
mais celles de l'humanité. La preuve en est dans l'empres-
sement que met l'Empereur à déclarer aux Mexicains qu'en
les leur apportant, c'est une propriété qu'il leur res-
titue, et qu'ils sont libres d'en disposer comme d'un bien
propre, sans qu'il réclame d'eux autre chose que l'amitié
du Mexique pour la France !

V

Pour le Mexique et pour la France, l'expédition offre des avantages indiscutables. En est-il de même pour le reste du monde ? Nous pourrions nous contenter de répondre qu'en principe général, ce qui augmente le bien-être et la fortune des uns sans modifier en rien ceux des autres est bon même pour ceux-ci. Mais nous sommes convaincus que si, non-seulement l'expédition du Mexique est utile à la France et aux nations hispano-américaines, elle est un bienfait même pour les nations dont elle semble vouloir atteindre la prépondérance. C'est le caractère essentiel de tous les actes napoléoniens d'être utile à l'universalité des États et des individus.

Ces éventualités menaçantes, dont l'éloignement intéresse à un si haut point l'Europe, ne devront-elles pas se dissiper quand une impulsion poussera simultanément tous les intérêts vers des marchés nouveaux ? L'Angleterre seule pourrait se sentir froissée de voir enfin les nations ses sœurs aspirer à jouir des avantages qu'elle désirait monopoliser. Mais, outre que la pensée même de ce monopole est insoutenable, la conservation des avantages que possède l'Angleterre ne doit-elle pas dépendre pour elle de la sagesse avec laquelle elle acceptera les conditions nouvelles du développement occidental ?

La constitution de l'Empire du Mexique garantit à la Grande-Bretagne la conservation de tout ce qu'elle possède à l'heure présente, de tout ce qu'elle perdrait assurément si, par un motif de jalousie dont nous persistons à ne pas croire le peuple anglais capable, elle tirait la première l'épée du fourreau pour une autre cause que celle de la civilisation.

Le soleil du progrès luit pour tous, comme le soleil des cieux. Il faut qu'il féconde le centre de l'Europe par l'industrie, par le commerce; et l'Allemagne, dont la marine naissante est impatiente de multiplier ses efforts, aura, sur les côtes hispano-américaines, les ports transatlantiques que réclame son développement.

L'Espagne puise, dans la stabilité hispano-américaine rétablie, les certitudes dont elle a tant besoin pour jouir sans inquiétude de ses possessions d'outre-mer.

Sait-on ce que l'Italie peut en attendre en dehors même du développement de sa marine?

Mais à quoi bon établir ce qui est si clair pour tous ceux que la passion n'aveugle pas, pour tous ceux qui ne sont point prêts à sacrifier l'intérêt de la France et celui de l'humanité au triomphe d'idées dont l'étroitesse ne mérite même plus d'être discutée.

VI

Résolu à rétablir dans ce sens, entre l'ancien monde et le nouveau, l'union morale qui doit être si féconde pour tous deux, Napoléon III, avec son intuition des aspirations et des besoins des peuples, se rendit compte, dès le départ de notre expédition, du résultat politique qu'elle atteindrait tout d'abord. Il était certain que les Hispano-Américains, las d'une expérience déplorable de la forme républicaine, voudraient avoir recours à la forme du gouvernement qui permet au dehors la propagation des idées dont l'application a produit au dedans la stabilité dans le bien-être et dans la force. Malgré la ferme résolution de ne peser en rien sur la manifestation du vœu national mexicain, on ne pouvait, ayant un sens droit, douter que ce vœu ne dût être monarchique. Pour penser le contraire, il fallait, comme l'Angleterre, y avoir un intérêt direct, ou, comme le général espagnol, manquer de cette maturité politique qui caractérise le génie de l'Empereur.

Or, il faut bien se l'avouer, ce ne sont pas les peuples qui manquent aux princes depuis que le gouvernement d'un seul est reconnu le meilleur ; ce sont les princes qui manquent aux peuples. La couronne du Mexique n'était point une de celles qu'on pût offrir à un homme ordinaire ; pour en être digne devant le présent et devant la postérité, il fallait être à la hauteur de la pensée qui a conçu notre expédition. Le futur Souverain du Centre-

Amérique doit y être un jour le représentant de la politique régénératrice dont l'influence transforme en ce moment l'Occident européen. Tout en puisant en lui-même et dans son nom des garanties de force et d'influence, il doit s'être identifié tellement la pensée de notre Empereur, qu'il devienne pour le nouveau monde ce que Napoléon III est, de l'aveu de tous, pour l'ancien.

Un tel prince ne pouvait être que l'œuvre privilégiée de la Providence. L'auteur de ces lignes, qui, depuis dix ans, s'occupe des questions hispano-américaines, souhaitait qu'il eût dans les veines du sang espagnol; mais l'Empereur, habitant les régions où pouvait uniquement se trouver un homme à même de le comprendre et de remplir une telle mission, a reconnu que la péninsule Ibérique n'offrait point à son choix un prince dans ces conditions. Un jour, le bruit public a désigné l'archiduc Maximilien d'Autriche comme le prince agréé par Napoléon III, au cas où le vœu national mexicain se prononcerait pour la forme impériale; et ceux qui savent avec quelle prudence l'Empereur hésite à se déclarer définitivement, à propos des hommes, furent certains que, s'il avait jeté les yeux sur l'Archiduc, c'est que l'Archiduc était à la hauteur de sa pensée, et seul capable de dire après lui, comme il l'a dit, en effet, devant nous :

« L'expédition du Mexique est la plus belle page de » l'histoire contemporaine de l'Europe comme du règne » de Napoléon III! »

VII

Les peuples, comme les hommes de génie, ont la
prescience de leurs destinées. Lorsque, au commencement
du siècle, les Mexicains s'affranchirent de l'Espagne, le
courant naturel qui les entrainait vers la monarchie leur
fit jeter les yeux sur un prince de la maison d'Autriche ;
et, si la paix n'avait été troublée en Europe par les efforts
de l'Angleterre, tout porte à croire que l'archiduc Charles,
au lieu de mesurer son épée avec celle du moderne César,
fût monté sur le trône des Incas. Ce n'est pas sans une
intention de la Providence que, depuis l'avénement de
Napoléon III, les situations identiques à celles qui existè-
rent au temps de son oncle se présentent devant lui.
L'Empereur et la France désirent profondément la paix ;
le nouveau monde se prononce en faveur d'un prince de la
maison d'Autriche que Napoléon III estime autant que son
oncle estimait l'archiduc Charles ; l'Angleterre s'oppose de
toutes ses forces à ce que la paix, en se consolidant, per-
mette au nouvel Empire de se créer là-bas sous la tutelle
de la civilisation vraiment et sincèrement progressiste. Ne
sont-ce pas là de ces rapprochements étranges dont l'é-
loquence ne saurait échapper à personne ?

Seulement, si des situations identiques à celles du premier Empire se reproduisent de nos jours, on peut heureusement assurer que, depuis le couronnement de
Napoléon III, elles se sont dénouées au profit de la

civilisation et à la confusion de l'égoïsme anglo-saxon, grâce à la profonde sagesse de l'Empereur et à son infatigable patience. Nous avons tout lieu de croire que celle qui attire plus particulièrement notre attention en ce moment se dénouera de la même façon.

S'il est une alliance féconde pour l'Occident européen, c'est celle de la France et de l'Autriche. Aussi est-ce vers la rupture de cette alliance que tendent aujourd'hui tous les efforts de l'Angleterre. Il ne faut rien moins que le génie des deux Empereurs pour dissiper successivement tous les malentendus qu'elle a soulevés entre leurs peuples et surtout entre leurs cabinets. Les difficultés, créées par la question italienne, sont aux mains de la politique anglaise un incessant moyen de battre en brèche cette alliance, et elle ne se fait pas faute de s'en servir.

L'avénement de l'archiduc Maximilien au trône du Mexique peut être le trait d'union indestructible qui rende désormais toute rupture impossible entre les loyaux adversaires de Solferino. L'Allemagne et la France ont trop d'avantages à retirer de cet avénement pour que l'Angleterre parvienne ensuite à rompre l'entente des deux peuples. Mais encore fallait-il, nous le répétons, que le prince choisi par les Mexicains fût à la hauteur de sa mission, et que Napoléon III ne se fût pas trompé sur son compte.

VIII

Au centre du golfe de Trieste, non loin de cette victo-
rieuse rivale de Venise, objet des prédilections raisonnées
de l'Autriche, à la pointe d'un cap, entièrement conquis par
l'homme sur les flots, s'élève le château de Miramar,
résidence ordinaire de l'Archiduc Maximilien. C'est là
que nous avons voulu nous rendre afin de juger par
nous-même de l'homme qui accepte de résoudre la question hispano-américaine dans le sens de la civilisation.

Sur notre route, nous étions à même de faire à l'avance
surgir dans notre esprit, contre le prince, toutes les ob-
jections qu'une inimitié persistante peut enfanter. Milan
n'était-il pas là avec ses récents souvenirs de la domination
autrichienne et du gouvernement direct de l'homme que
nous désirions connaitre ?

Nous nous arrêtâmes à Milan avant de gagner Trieste.

Pas une voix lombarde ne s'est élevée autour de nous
pour exprimer un reproche envers l'ancien gouverneur-
général du royaume Lombardo-Vénitien ; tous les Milanais,
au contraire, cherchent les occasions de déclarer que ce
sera un peuple heureux, celui que l'Archiduc Maximilien
pourra gouverner dans la plénitude de sa liberté. Certains
regrets significatifs sont parvenus juqu'à nous. Il n'est
pas rare de trouver encore le portrait du jeune prince dans
les palais lombards ; et, si nous étions venu à Milan avec
la pensée préconçue de recueillir contre lui des notes quel-

conques, nous devrions confesser que le but de notre voyage a été complétement manqué.

Le témoignage de cette population, récemment affranchie d'un joug qu'elle ne voulait pas autrefois tolérer, ne pouvait-il pas être empreint de l'indulgence inhérente au bonheur, et n'était-ce pas plutôt à Venise qu'il nous fallait chercher des armes contre le prince dont nous ne voulions à aucun prix subir tout d'abord la séduction ? Ce qui nous avait frappé à Milan nous frappa à Venise. Pour tous les Italiens, le jeune Archiduc est moins un Autrichien qu'un frère ; il n'est personne qui ne rende hommage en Italie aux qualités multiples de son cœur et de son esprit.

Mais c'est surtout à Trieste que l'estime de chacun des habitants de cette ville pour le prince revêt presque le caractère de la vénération d'un frère pour l'aîné auquel il doit tout. Et il ne s'agit point ici de l'estime banale d'une population servile, accoutumée à se prosterner devant un maître. Trieste est le Marseille de l'Autriche ; un grand nombre de ses habitants sont d'origine étrangère. Trieste est une cité polyglotte, peu disposée à la vénération de ce qui n'est pas essentiellement voué au culte des intérêts matériels. Eh bien ! c'est un semblable témoignage qui est acquis au futur Empereur, non parce qu'il est Archiduc, mais parce qu'il est digne de l'estime de tous, et que pas une des questions, dont la solution décuple chaque année la richesse Triestine, ne lui est inconnue. Il en a même résolu les principales ; grâce à son initiative, le commerce autrichien a acquis depuis quelques années de nouvelles proportions, et les arsenaux maritimes de l'Empire s'échelonnent sur le golfe avec une rapidité croissante qui nous a frappé.

Miramar est pour le Triestin, qui n'en quitte pas des yeux la tourelle blanche, comme un phare lumineux et protecteur. Chaque Triestin connait le prince, en a reçu quelque encouragement direct. Le dimanche, les jardins du château sont ouverts à tous ; et, avec cette simplicité dont Napoléon III et Eugénie ont si bien le secret, l'Archiduc et l'Archiduchesse font à la foule enthousiaste les honneurs de jardins féériques dont ils ont eux-mêmes dessiné les contours.

IX

Quelles peuvent être les causes de tant d'estime autour d'un même nom. Estime du plus grand génie du siècle ; estime du plus humble des portefaix du port de Trieste ; estime des mères italiennes dont les fils ont été victimes des malentendus qui les ont mis en face des baïonnettes autrichiennes ; estime des jeunes gens et des vieillards, des travailleurs et des artistes, des hommes de plume et des hommes d'épée.

Les qualités innées chez l'homme le plus complet ne suffisent pas pour motiver de telles manifestions, si cet homme n'a pas été mis à même de les développer dans des circonstances et sous des influences particulières. L'école du malheur le met à même de les révéler ; de grandes et exceptionnelles situations le disposent au rôle qui lui permettra de dominer les événements ; mais, jusqu'ici, l'Archiduc Maximilien n'a pas, heureusement, connu l'école où Napoléon III a puisé sa force ; sa position personnelle en Autriche ne lui a point permis de jouer, dans les événements modernes, un de ces rôles qui signalent à l'attention universelle.

Pour que l'Archiduc Maximilien, sans avoir passé par aucune des épreuves qui eussent engagé son avenir, soit, de l'aveu même de ses adversaires, aussi fort que s'il les avait subies, il faut qu'il figure véritablement au nombre des appelés de la Providence ; il faut qu'elle l'ait successivement mis en relation avec toutes les grandes volontés et toutes les sagesses contemporaines, en lui donnant les moyens de se les identifier.

On ne doit pas oublier que le prince est le gendre du Nestor des rois ; que l'influence de Léopold a dû contribuer puissamment au développement précoce de ses facultés. Il est, de tous les représentants des vieilles cours, celui qui a le plus fréquenté l'Empereur et qui, le premier, a osé lui rendre justice. Qui sait si du contact de ces deux intelligences n'a pas jailli l'étincelle destinée à éclairer la latinité américaine dans sa voie propre ; qui sait si les mâles accents de notre Souverain n'ont point éveillé, avant l'heure ordinaire, dans l'âme de l'Archiduc, ces aspirations vers les grandes choses qui emportent à leur but les hommes prédestinés ?

Et puis le prince Maximilien est, dans toute l'acception du mot un homme de la mer. Il aime les flots, image de l'infini ; et les flots l'ont porté partout où il croyait avoir à étudier une science ou une réputation nouvelles. En relation avec presque tous les hommes importants de l'univers, il a pu puiser dans leur conversation ce qu'il n'avait point appris déjà dans le secret de ses communions avec l'Océan.

Les connaissances maritimes du jeune prince n'ont pas dû peu contribuer à fixer le choix des Mexicains. Le nouvel Empire a tout ce qu'il faut pour devenir une puissance commerciale de premier ordre, et la préoccupation principale du futur Empereur doit être de doter d'une flotte ce magnifique pays dont les pieds disparaissent dans les vagues.

L'amour que le prince témoigne pour les flots est une des raisons qui nous font croire en lui. Presque toujours, aux époques de décadence, les fondateurs d'ères nouvelles ont puisé la conscience de leur mission dans leurs communions avec l'espace. Colomb a lu dans l'Océan comme dans un livre la révélation du nouveau monde. Qui sait si le prince Maximilien n'y a pas lu la régénération de ce pays ; et si Trieste, comme Gênes, n'aura point envoyé à son tour vers l'Amérique un des chargés d'âmes de la Providence?

X

Nous n'avions d'autre titre à l'accueil du prince que
notre résolution bien arrêtée d'aller poursuivre chez les
nations latines du nouveau monde nos études sur les
moyens de multiplier entre elles et l'Occident les rapports industriels et commerciaux ; il paraît même que
n'eussions-nous pas eu ce titre à ses yeux, il suffisait que
nous nous fussions occupé de science, de littérature, d'art
ou d'économie sociale pour obtenir la faveur d'approcher
de sa personne. Certes, on ne saurait trop apporter de ré-
serve dans le récit d'entrevues de la nature de celle que
nous allons raconter, et l'élasticité des mots est en ce cas
tellement dangereuse, qu'il faut n'écrire qu'après avoir
plusieurs fois tourné la plume. Mais, dans le cas présent,
l'excessive retenue devient moins nécessaire que lorsqu'il s'agit d'un entretien avec de jeunes princes assez
confiants dans l'honneur des personnes qu'ils daignent
accueillir pour ne point, avec elles, mesurer leurs paroles. Tout en limitant avec une extrême prudence
l'expression de sa pensée, l'Archiduc précise tellement
ce qu'il entend dire qu'on ne peut s'abuser un moment sur la portée de son langage. Il pense comme un
Allemand et s'exprime comme un Espagnol ; sa pensée,
forgée à Vienne, semble trempée à Tolède, comme ces
vieilles lames qu'apportaient d'Allemagne à la trempe de
Castille les lieutenants de Charles-Quint.

L'Archiduc nous a reçu dans une sorte de cabinet de travail circulaire dont les fenêtres s'ouvrent sur les flots qu'il aime tant. Après nous avoir indiqué du geste un fauteuil, le prince s'est assis auprès d'une petite table entourée d'un modeste châssis vitré qui semble, au milieu d'un luxe princier, créer à cette table une sorte de sphère modeste exclusivement réservée à l'étude. On devine qu'oubliant derrière ce châssis tout ce que la naissance lui a garanti de droits, le futur Empereur ne veut plus qu'être l'homme et ne prétend devoir qu'au travail l'avenir auquel il se sent appelé.

C'est là qu'il a reçu la députation mexicaine chargée de lui offrir la couronne transatlantique ; c'est là qu'il a reçu les chefs du clergé mexicain porteurs pour lui des bénédictions du Saint-Père ; c'est là qu'il s'était jadis entretenu avec le courageux patriote Almonte, qui a mis au service de la cause du Progrès une loyauté, une ardeur n'ayant d'égales que sa bravoure. Tous ces Mexicains accueillis successivement à Miramar ne composent-ils pas l'élite du jeune Empire? Ils ont reconnu, sans exception, que l'Empereur des Français avait dans le jeune Archiduc un émule jaloux de marcher sur ses traces et de participer à la grande œuvre du Progrès. Monseigneur Labastida l'a écrit, ainsi que M. G. d'Estrada : « Le prince est digne de » la couronne! » Et M. G. d'Estrada, monseigneur Labastida, le général Almonte sont des hommes du premier mérite!

La taille élevée de l'Archiduc répond à l'idée que les peuples d'Amérique doivent se faire de la puissance. Son visage souriant est dominé par un front large, siége d'une volonté qu'on devine à l'abri de toute faiblesse. Son regard est celui des hommes qui voient au delà du visage des personnes qu'ils écoutent; et sa parole, qui a tout le charme de celle des enfants du Cid, ne dit cependant, nous le répétons, que juste ce qu'il pense. Parfaitement au courant des progrès de la littérature castillane, et profondément versé dans la connaissance de ses chefs-d'œuvre, il a la modestie de se déclarer l'humble élève d'un professeur d'espagnol ; mais nous avons la certitude que lorsqu'il mettra le pied sur le sol mexicain les descendants de Cortès le prendront facilement pour un des leurs.

Ce n'est pas seulement dans son ensemble qu'il a étudié la question hispano-américaine ; c'est dans les moindres de ses détails et surtout dans ses rapports multiples avec les questions matérielles de nature à justifier le concours de l'Occident européen. Il s'est déjà rendu compte du caractère spécial qu'une longue expérience de la république fédérative a dû imposer à chaque province du Mexique, au grand préjudice de son unité ; et il a successivement étudié les moyens de faire servir les éléments du mal lui-même à la conquête du bien. Il sait ce que, dans un temps donné, chacun de ses ports peut importer de civilisation à son futur Empire ; il sait ce que l'importation des éléments de cette civilisation peut assurer de développements nouveaux au commerce et à l'industrie du vieux monde. Il a calculé ce que les manufactures de l'Occident gagneraient à devenir les instruments de ses projets, et ce qu'il pouvait donner à l'Europe en échange de son concours. Il se livre quotidiennement à des travaux ayant pour but d'assurer cet échange mutuel dès son couronnement.

Après de longues années de notre vie vouée à l'étude des intérêts et des aspirations hispano-américaines, nous avions la prétention de mettre au service du prince la somme de connaissances que nous avons acquises, c'est lui qui nous a appris quelque chose, qui a indiqué à nos études une voie plus féconde peut-être que celle où nous les avions maintenues. — « Ne vous étonnez pas de me voir » si bien au courant des choses de ce pays, nous a-t-il » dit, ne suis-je pas obligé d'être Mexicain depuis le jour » où j'ai juré de consacrer ma vie au peuple qui m'a » élu ? »

Cette vie, il la donnera toute entière au peuple qui l'a élu. Ce qu'il veut, c'est consacrer par un troisième exemple le nouveau droit des nations si largement constaté par l'idée napoléonienne. Pas plus que l'Empereur, il ne prétend s'imposer à ceux qu'il aspire à gouverner ; mais, comme l'Empereur, il reconnait qu'une nation vaut toujours la peine qu'on se déclare prêt à se l'identifier. Sa part d'initiative, il l'a donnée sans restriction en déclarant que, si tel était le vœu du Mexique, il renoncerait, pour le gouverner, aux avantages immenses que lui assure sa situation actuelle sur la première marche d'un des trônes les plus solides du vieux monde ; il en donne de nouvelles preuves en se préparant à un départ prochain, malgré les efforts tentés pour l'en détourner par la diplomatie antilibérale.

Pour qui se rend compte de la situation de l'Archiduc, son acceptation hardie du sceptre mexicain, subordonnée même au vœu unanime des habitants du nouvel Empire, est un acte dont les partisans du progrès sincère ne sauraient trop lui savoir gré. Pour renoncer, même par la pensée, au titre d'amiral d'Autriche, au rang que ce titre assure, aux richesses et aux jouissances positives dont il est entouré, il faut être poussé par quelque chose de plus que par l'ambition d'une couronne ; il faut obéir à un sentiment qui ne peut puiser sa source que dans une foi vive, profonde, éclairée, que dans un amour sincère de l'humanité.

Cette foi et cet amour, le jeune Archiduc les ressent comme l'Empereur. C'est grâce à eux qu'il s'élève comme lui au-dessus du présent. Sincèrement catholique, donc étroitement lié par le sentiment religieux à la jeune nation, il appartient à cette phalange éclairée qui, sous l'inspiration directe du Saint-Père, veut affranchir à tout prix la religion universelle des liens que le passé prétendait lui imposer. Les hommages qu'il rend au clergé de France disent assez comment il comprend la reconstitution religieuse de ses États, comment, au Mexique, il entend faire du catholicisme l'avant-garde de tout progrès. Animé de l'esprit de tolérance, base inébranlable de toute conviction sincère, il ne laissera entamer par personne l'unité latine des Hispano-Américains, mais il permettra à tous de venir, dans ses États, puiser, à l'aide de la liberté des transactions matérielles, la conviction intime que le catholicisme bien entendu est encore, pour le nouveau monde comme pour l'ancien, le gage et l'assurance du progrès indéfini.

Qu'importe l'examen des formes politiques ou administratives qui doivent être adoptées pour la régénération d'un peuple, quand ce peuple est à la veille d'être emporté par un Souverain jeune et hardi dans ces régions supérieures ? Il devient une préoccupation secondaire. Comme Napoléon III, Maximilien Ier ne prétend pas opprimer mais résumer ; il ne veut pas qu'on s'incline, il veut qu'on se redresse ; il prétend obéir à toutes les inspirations de quelque profondeur qu'elles montent, pourvu qu'elles soient le produit du patriotisme et non de la passion. « Le dernier des Mexicains m'en apprendra davantage sur » la façon de traduire la pensée de son pays et de répon- » dre à ses besoins que le premier des hommes politi-

» ques étrangers, » nous a-t-il dit. Dans cette réponse il y a tout un règne.

On y découvre surtout la volonté arrêtée de puiser dans les entrailles du pays même tous les auxiliaires nécessaires à sa régénération. L'acharnement des luttes intestines dont elle a été la victime, démontre suffisamment que la nation mexicaine n'a pas manqué d'hommes, mais de clef de voûte, de criterium. « Que » d'individualités généreuses et fécondes, nous disait le » prince, en énumérant tous les jeunes hommes que la » guerre civile a mis successivement en avant dans ces » dernières années ; que d'orateurs dans ces parlements » successifs ! Que d'intelligences supérieures dans ces » commerçants des ports et de la capitale dont je me suis » fait raconter les malheurs et les efforts, dont je ne me » rappellerai que le mérite et les grandes actions ! »

Ce n'est pas seulement par une direction intelligente des sentiments religieux du peuple mexicain, par le développement de ses intérêts et par l'exaltation bien entendue de son patriotisme que les nouveaux Souverains comptent atteindre leur but, c'est aussi par le culte de la littérature, des sciences et des arts nationaux. La jeune Archiduchesse s'est plus particulièrement réservée ce domaine, et nous pouvons assurer que si, grâce à son époux, le Mexique possède un Souverain digne d'avoir fixé l'estime et le choix de Napoléon III, grâce à elle il possèdera une impératrice qui sera pour le Mexique ce qu'est Eugénie pour la France.

Tous les sentiments qu'inspire son époux aux Milanais, aux Vénitiens, aux Triestins, l'Archiduchesse les éveille également dans leurs cœurs. Toute française par le sourire, par l'esprit, par la beauté, elle gouvernera par le charme cette république des intelligences qu'une loi ne domine pas toujours, mais qu'une parole poétique enchaîne en un instant. Elle aussi s'est mise à étudier la langue du Cid, heureuse, du reste, d'être recueillie par ses lèvres. Elle connaît toutes les poésies imprimées à Mexico depuis que la littérature nationale y cherche une voie sienne, et les infants d'Espagne, toujours si connaisseurs en choses d'art, ne l'eussent point empêchée de leur disputer les maîtres, si de leur temps elle avait été Reine quelque part.

Ce que l'Archiduchesse et l'Archiduc ont fait de Miramar suffit pour indiquer ce que sera, sous leur règne, l'influence du goût et du luxe sur toutes choses. Le concert de bénédictions qui s'élève sur leur passage, dès qu'ils viennent à Trieste, nous a appris ce que sera dans leur Empire l'influence de la charité. Si les passions étrangères n'avaient lancé leurs cohortes au-devant de toute intervention pacifique et généreuse, ce n'est point une armée que l'Europe aurait dû envoyer au Mexique ; c'est ce jeune couple, armé uniquement de son désir de faire grandement et bien tout ce qui sera nécessaire pour assurer le bonheur de ses sujets. En écoutant le prince, en voyant sa jeune compagne, les soldats de Juarez eussent laissé tomber leurs armes ; et, de la Vera-Cruz à Mexico, la marche des nouveaux Souverains eût été triomphale. On en aura bientôt la preuve.

Maintenant que les armes françaises ont triomphé des passions étrangères; maintenant que, partout où elles ont été vaincues, le vœu national mexicain se prononce en faveur des jeunes Archiducs, encore inconnus cependant de la masse de leurs nouveaux sujets, l'Occident qui sait combien ils sont dignes de leur mission, désire qu'ils se hâtent d'aller eux-mêmes plaider la cause de la civilisation.

Prêts à remplir la mission qu'ils ont acceptée, plus encore dans le but de servir le progrès et d'aider à la résurrection d'un peuple que de ceindre leur front d'une couronne, les jeunes Souverains quitteront Miramar dès que le Mexique et l'Europe auront définitivement reconnu qu'ils sont utiles à l'œuvre de réconciliation. Leurs préparatifs de départ sont terminés. Qu'on se rende compte des obstacles et des injustices auxquels ils auront à se heurter, et l'on sera certain, nous le répétons, qu'il faut obéir à autre chose qu'au désir de régner pour aller au delà des mers accomplir une telle mission.

Au Mexique d'apprécier plus tard l'étendue des sacrifices faits par ses Souverains dans le seul but de se dévouer à ses intérêts; mais à l'Occident européen, mieux à même de les comprendre immédiatement, le soin de reconnaître de suite par ses sympathies le service qu'il reçoit d'eux.

La constitution définitive de l'Empire du Mexique, c'est, disons-le encore, pour le continent, une garantie de plus

que tous les moyens seront mis en œuvre pour conjurer la
guerre imminente ; c'est la presque certitude d'un prompt
appaisement aux Etats-Unis, préparés sans doute par le
maréchal Forey à la médiation pacifique des puissances
européennes ; c'est le signe révélateur d'une entente entre
les puissances, en vue d'augmenter encore par une série
de mesures libérales le développement des intérêts ; c'est,
en un mot, pour tous, excepté pour les ennemis de l'ordre, un événement plein de réalités fécondes dont l'heureux choix du Mexique et de l'Empereur assure la jouis-
sance à l'humanité toute entière.

Pour la France, c'est le prompt retour de ses fils vic-
torieux, le remboursement intégral de ses sacrifices, un
redoublement d'activité partout où ses producteurs tra-
vaillent, l'élan de la marine marchande décuplé, notre
commerce transatlantique devenu véritablement l'émule
de celui de l'Angleterre, et, par-dessus tout, la suprématie
de notre influence et de notre pavillon dans tous les
Océans latins.

Aussi la France pourra-t-elle s'écrier avec son Souverain, quand les Archiducs quitteront Miramar sous l'arc-
en-ciel tricolore de son drapeau :

« L'expédition du Mexique est la plus belle page du
» règne de Napoléon III ! »

Bordeaux. — Imp. BORD rue des Treilles, 24.